6-8 ans

J'écris mes premiers textes

20 situations pour s'amuser à rédiger

Important : avant de commencer, lisez page 40 les conseils pédagogiques d'utilisation.

RETZ
1, RUE DU DÉPART
75014 PARIS

je me PRÉSENTE

1 Lis, puis repasse au fluo ce qui te correspond.

Je suis une fille.
Je suis un garçon.

5 6 7 8

J'ai 5 ans.
J'ai 6 ans.
J'ai 7 ans.
J'ai 8 ans.

Je porte des lunettes.
Je ne porte pas de lunettes.

CP

Je suis au CP.
Je suis au CE1.

CE1

J'aime jouer au ballon.
J'aime lire des histoires.
J'aime jouer à la poupée.
J'aime faire du vélo.
J'aime aller à l'école.

2 Maintenant recopie toutes les phrases que tu as choisies, en les plaçant au bon endroit.

ton nom ▶ Je m'appelle ....

ton sexe ▶ ....

ton âge ▶ ....

tu portes des lunettes ou non ? ▶ ....

ta classe ▶ ....

▶ ....

tes goûts

▶ ....

J'écris une CARTE D'INVITATION

1 Lis et observe

Cher Olivier

Pour fêter mes 7 ans
je t'invite à mon goûter
d'anniversaire
mercredi 25 novembre
à 14 heures.

Rémy

- le nom du copain que tu invites
- ton âge
- la date et l'heure
- ta signature

2 Complète la carte

....

Pour fêter ....

je ....

d' ....

....

à ....

....

Si tu écris à une fille
Attention! Il faut écrire : Chère ...

J'écris mon MENU PRÉFÉRÉ

A ton tour, écris ton menu préféré, dans l'ordre :

entrée ▶ ....

viande ou poisson ▶ ....

légumes ▶ ....

dessert ▶ ....

J'écris une COMPTINE

1 **Dans chaque phrase, repasse au fluo le mot qui indique ce qu'on fait.**

2 **Complète les listes de mots à ta guise.**

Ce qu'on fait	Mots qui se terminent par [i]
je vais	Paris
je nettoie	un tapis
je mange	du riz

3 A ton tour, en t'aidant des listes de mots, écris une comptine. Attention aux rimes !

Lundi

je ……………………………………

Mardi

je ……………………………………

Mercredi

je ……………………………………

Jeudi

je ……………………………………

Vendredi

je ……………………………………

Samedi

je ……………………………………

et Dimanche…
je me baigne dans la Manche !

j'écris un DIALOGUE

1 Lis bien cette histoire.

Gromatou et Souricette

Dans la cour de la ferme, Gromatou et Souricette se disputent. D'un coup de dents, Gromatou coupe la queue de Souricette. Souricette pleure :

«– S'il te plaît, Gromatou, rends-moi ma queue !
– Non, va d'abord me chercher du lait !»

Souricette réfléchit, puis elle court voir la vache.

«– S'il te plaît, donne-moi du lait !
– Non, va d'abord me chercher une botte de foin !»

Souricette réfléchit, puis elle court voir le fermier.

«– S'il te plaît, donne-moi une botte de foin !
– Non, va d'abord me chercher un pain bien doré !»

Souricette réfléchit, puis elle court chez le boulanger…

2 Cherche dans le texte les paroles des personnages et complète les bulles.

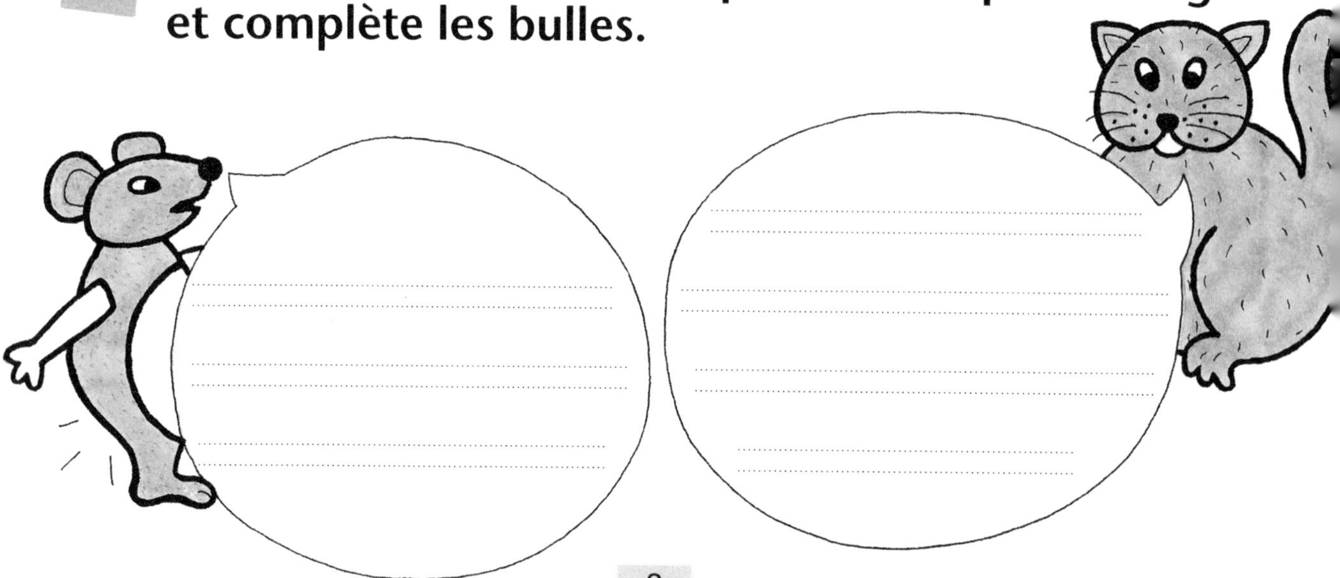

D'après *Beaux Contes Célèbres*,
Anne Laflague (Nathan)

j'écris un RÉCIT

1 Imagine une suite heureuse à l'histoire de Gromatou et Souricette.

Le gentil  .... donne  .... bien

doré à la petite  .... , alors Souricette

donne ce  .... au  .... qui à son tour

lui .... une  ....

S  .... court vite donner la .... à

la  .... qui lui donne un grand  ....

de  .... et enfin S  .... donne le  ....

au  .... qui lui rend sa  ....

Comme elle est heureuse !

2 Imagine maintenant une fin malheureuse.

En voyant S  ...., le  .... crie :

«Sors d'ici, sale bête !» Il la chasse avec ....

 .... Alors la petite  .... est triste,

elle n'a pas de  .... doré pour le

 .... qui ne lui donne pas de  ....

.... Alors la  .... ne lui

donne pas de  .... pour le  .... qui

refuse de lui rendre sa  ....

Pauvre petite  .... !

Comme elle est malheureuse !

j'écris des DÉFINITIONS

1 **Remplis la grille de mot croisés avec les noms qui correspondent aux dessins.**

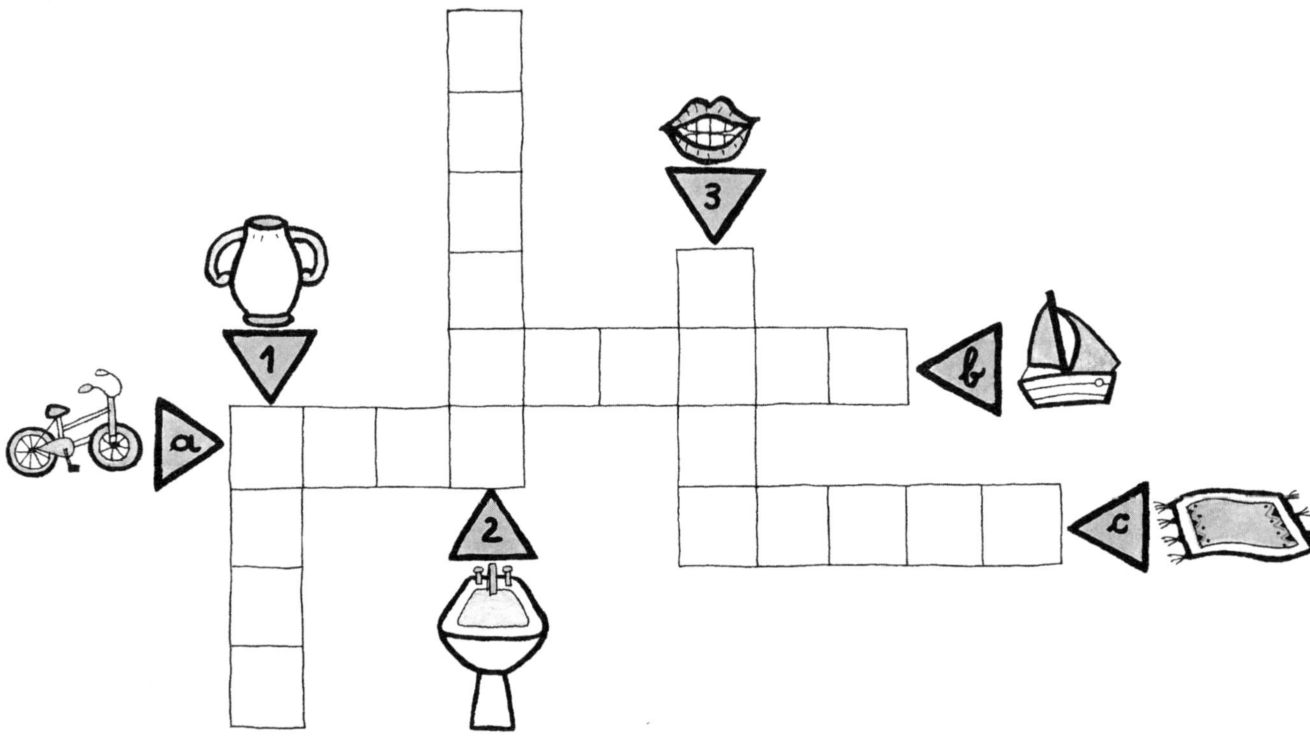

2 **Lis les définitions, puis écris les mots correspondants.**

Horizontalement

a il roule ……………………………………

b il flotte ……………………………………

c il a souvent des franges ……………………………………

Verticalement

1 on met des fleurs dedans ……………………………………

on s'y lave les mains ……………………………………

elle est dans la bouche ……………………………………

3 A ton tour, écris des définitions pour faire deviner les mots de la grille.

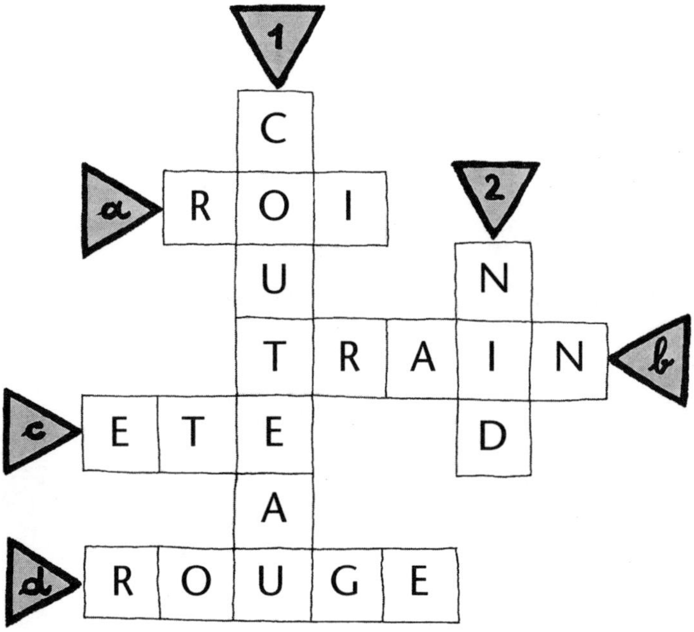

Horizontalement

a roi ....

b train ....

c été ....

d rouge ....

Verticalement

1 couteau ....

2 nid ....

j'écris des DEVINETTES

1 **Complète les bulles avec les noms des animaux.**

2 Lis cette devinette et trouve quel animal parle. Ecris son nom.

Je suis énorme et gris.	comment est son corps ?
Je vis en Afrique.	où vit-il ?
J'ai une trompe.	sa particularité
Je barris.	son cri
Qui suis-je ?	la question posée

3 A ton tour, choisis un animal, puis imagine une devinette. Fais-la lire à un copain.

Je suis ....

Je vis ....

J'ai ....

Je ....

Qui ....

J'écris une RÈGLE DU JEU

1 **Jeanne, Jules, Martin et Louis jouent. Observe et lis pour comprendre le jeu.**

2 **Avec tous ces renseignements, tu peux reconstituer la règle de ce jeu.**

Le jeu s'appelle : ……………………………………………

On lance …………………………… . Quand on tombe sur une lettre, ……………………………………………

Si on ne trouve pas, ……………………………………………

Quand on fait un double, ……………………………………………

Quand on tombe sur une case noire, ……………………………………………

Pour gagner, …………………………………………… .

je décris un OBJET

1 **Lis, puis trouve de quel dessin géométrique il s'agit. Entoure la forme correspondante.**

Il est rond	▶	sa forme
Il est rouge	▶	sa couleur
Il est grand	▶	sa taille

sa forme		sa couleur	sa taille
○ rond	▭ rectangle	bleu	grand
		rouge	
□ carré	△ triangle	jaune	petit

2 A ton tour, colorie ce dessin et décris-le.

sa forme	*il est* ....
sa couleur	*il est* ....
sa taille	*il est* ....

3 Choisis maintenant un autre dessin géométrique et reproduis-le.

4 Maintenant, décris-le.

sa forme	*il est* ....
sa couleur	....
sa taille	....

J'invente une HISTOIRE

1 Lis bien tout le texte, puis repasse au fluo ce que tu préfères pour écrire ton histoire.

Ce matin, / Hier soir, — en allant — à l'école, / à la boulangerie,

j'ai rencontré un — énorme / petit — chien — noir. / roux.

Il m'a suivi. Il a — renversé la peinture, / dévoré tous les gâteaux,

puis il a — mangé les bonbons / sauté sur les tables — et il a — léché / mordu

tous les — enfants / clients. Tout le monde — a bien ri. / a eu peur.

Enfin, il s'est sauvé par la — fenêtre / porte

et — il a disparu au coin de la rue. / il a retrouvé son maître.

2 Ecris l'histoire que tu viens d'inventer :

j'écris une DEVINETTE

1 Lis la devinette et entoure le bon fruit.

Il est rond	▶ sa forme
Il est jaune	▶ sa couleur
Il est acide	▶ son goût
Il a des pépins	▶ ce qu'on voit à l'intérieur
Qui est-ce ?	▶ la question posée

2 Maintenant, choisis en secret un nom de fruit. Repasse au fluo ce qui convient dans chaque case.

sa forme	sa couleur	son goût	ce que tu vois à l'intérieur
rond	orange	sucré	des pépins
ovale	rouge	salé	un noyau
allongé	jaune	fade	
en grains	vert	acide	
	violet	amer	

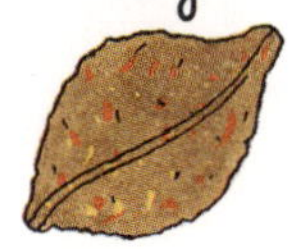

3 Ecris ta devinette et fais-la lire à ton copain.

la forme du fruit	▶ ....
sa couleur	▶ ....
son goût	▶ ....
ce que tu vois à l'intérieur	▶ ....
la question	▶ ....

J'invente des QUESTIONS

1 **Mathilde est malade, son amie Clémence lui téléphone.**
Complète les bulles en imaginant des questions.

?
Oui, je l'ai lu en entier.
J'ai beaucoup aimé l'histoire.
Je te le rapporterai lundi.
!
Au revoir, Clémence !

J'écris une LETTRE

1 **Lis cette lettre que Nicolas envoie au père Noël.**

Vendôme, le
20 décembre

Cher père Noël,

Je voudrais que tu m'apportes une voiture téléguidée et un château fort.

J'ai été très sage.

Merci gentil père Noël.

Nicolas

2 **Souligne :**

- en **rouge** le nom de la ville où habite Nicolas,
- en **vert** la date,
- en **bleu** l'en-tête de la lettre,
- en **violet** le nom des deux jouets commandés,
- en **orange** le petit mot gentil à la fin de la lettre,
- en **jaune** la signature de Nicolas.

3 **Choisis les deux jouets que tu préfères, et écris à ton tour ta lettre au père Noël.**

Aide-toi des couleurs pour ne rien oublier.

le robot

la voiture

la panoplie de reine

Je

et

la poupée mannequin

le vélo

J'écris une FICHE TECHNIQUE

1 Lis les consignes données par la fiche ci-dessous, puis fabrique 2 personnages qui se donnent la main.

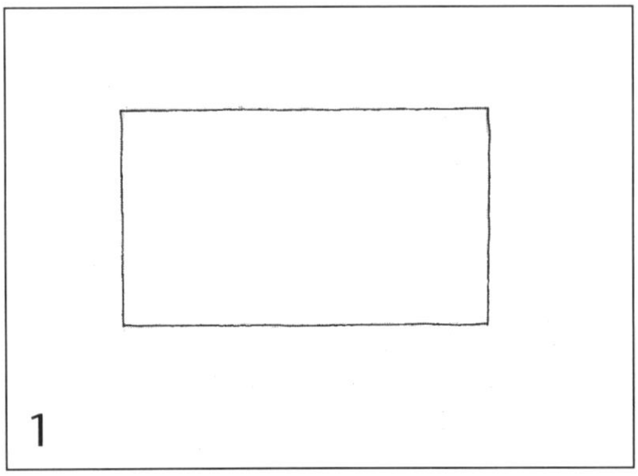

Prends une feuille de papier blanc.

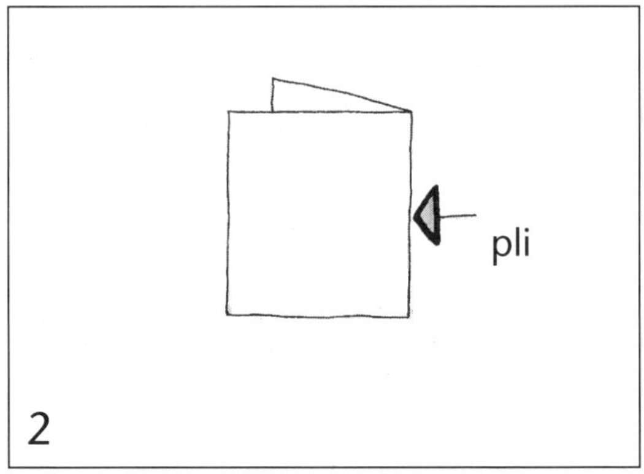

Plie-la en 2.

Dessine un personnage. Attention! Sa main doit toucher le pli.

En laissant la feuille pliée, découpe le personnage. Ouvre ensuite la feuille. Que vois-tu?

2 Repasse au fluo les 5 mots qui donnent des ordres, puis recopie-les dans les étiquettes.

P ....

P ....

D ....

D ....

O ....

3 A ton tour, écris la fiche de fabrication d'un sapin.

1

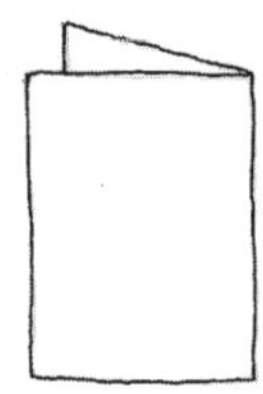

2

3

4

J'écris une CHARADE

1 **Lis cette charade et devine le mot de 2 syllabes qui s'y cache.**

Mon 1er vit dans les cheveux ....

Mon 2e est le contraire de laide ....

Mon tout est une boîte à ordures ....

2 **Mathilde pose une charade à Etienne. Dessine dans les bulles ce que trouve Etienne.**

3 **Ecris la bonne réponse :** ....

4 A ton tour, écris ce que peut dire Mathilde.
Observe bien à quoi pense Etienne.

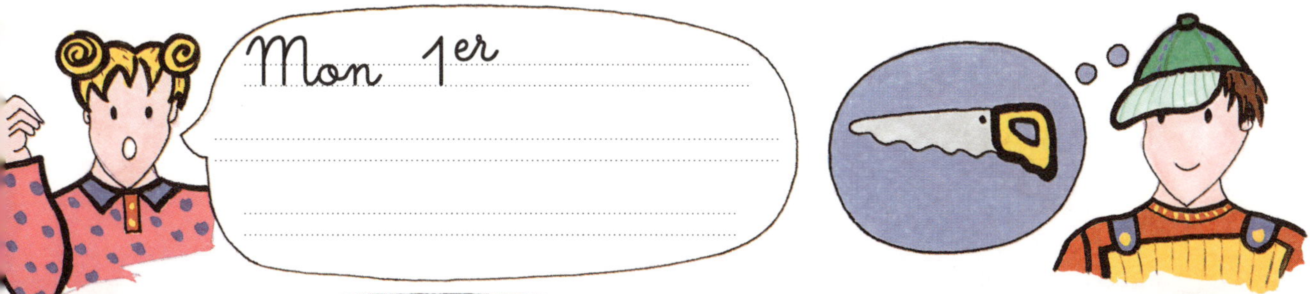

5 Ecris maintenant une charade pour faire deviner le mot chapeau

Mon 1er ....

Mon 2ème ....

Mon tout ....

J'écris une ORDONNANCE

1 Lis et observe cette ordonnance du Dr Cachou.

Docteur Jean CACHOU
Médecine Générale
5 rue des Roses
Vendôme 41100

Consultations tous les jours
de
14h à 18 h
sauf samedi

le 14/02/94

Pierre Rouleau

SIROMIX : 1 cuillère à soupe, matin, midi et soir pendant 8 jours.

RUMEL : 1 comprimé matin et soir, en cas de fièvre.

Cachou.

2 Souligne en rouge le nom du malade.

Entoure en bleu les noms des deux médicaments.
Entoure en vert la date.
Repasse au fluo le nom du docteur et sa signature.
Souligne en violet les consignes d'utilisation des médicaments.

3 Claire Dubois a mal au ventre et elle a de la fièvre. Choisis les médicaments qui conviennent pour la soigner et écris l'ordonnance.

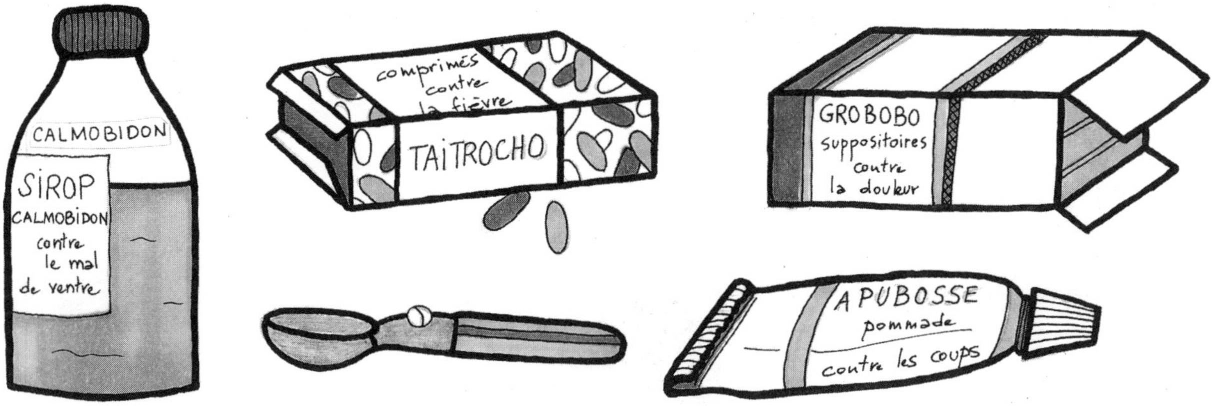

Docteur Jean CACHOU
Médecine Générale

5 rue des Roses
Vendôme 41100
Tél.: 54 70 07 45

Consultations tous les jours
de
14h à 18 h
sauf samedi

le .... / .... / ....

....

.... : ....

....

.... : ....

....

....

je décris mon DÉGUISEMENT

1 Repasse au fluo, dans chaque liste, ce qui correspond au costume d'Arlequin.

Les coiffures

- un chapeau melon
- une toque blanche
- un chapeau pointu
- une couronne
- un chapeau à deux cornes

Les costumes

- une longue robe
- un grand tablier
- un pantalon et une tunique
- une cape
- un pantalon avec des franges

Les accessoires

- une baguette magique
- une épée
- un arc et des flèches
- un balai
- une casserole et une cuillère

Les couleurs

blanc — rouge — noir — vert — multicolore — jaune

2 A ton tour, fais parler les personnages. Cherche dans les listes pour t'aider.

Je porte .... ▶ la coiffure

Je porte .... ▶ le costume

....

Je tiens .... ▶ un accessoire

....

Je suis déguisée en fée ▶ le nom du déguisement

Je porte ....

....

....

....

Je suis déguisé en ....

....

3 **Repasse au fluo le nom de ton déguisement préféré et dessine celui que tu as choisi.**

▶ la reine	
▶ la sorcière	
▶ la grand-mère	
▶ Robin des Bois	
▶ Pierrot	
▶ l'indien	

4 **Complète pour décrire ton costume.**

Je porte ....

Je ....

Je ....

Je ....

J'écris une COMPTINE

1 Lis le début de cette comptine, observe.

A l'école des chats
on danse la lambada
A l'école des lions
on compte avec des pions.

Attention aux rimes !

2 Complète les listes de mots :

on joue on saute on .... on ....
on écrit on dessine on .... on ....

3 Invente la suite de la comptine…

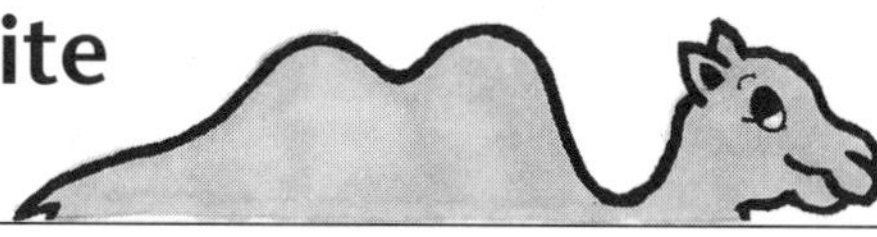

A l'école des ....
on ....
A ....
....
A ....
....

je décris un ITINÉRAIRE

1 **Trace avec un trait rouge le chemin que Charlotte doit prendre en sortant de l'école.**

pour t'aider à écrire :
droite - gauche
tourne - passe
traverse
avance

2 **Ecris ce que maman va répondre à Charlotte.**

En sortant de ....

J'écris une FORMULE MAGIQUE

1 Lis puis complète la bulle.

La sorcière Carabouille décide de se transformer en petit chat.
Elle se met à cheval sur son balai, et elle dit :
«Ratapla et cadabra
par le bras de Romina
que je devienne un petit chat!»

Aussitôt dit, aussitôt fait,
un petit chat apparaît, assis sur le balai.

2 Lis la formule magique à haute voix et observe bien ce qu'elle contient.

«Ratapla et cadabra	▶ 3 syllabes dans chacun de ces mots
par le bras de Romina	▶ un prénom bizarre
que je devienne un petit chat...»	▶ le nom de l'animal choisi

3 Cherche des mots qui riment et complète les listes.

poisson 	Marion Simon	menton caleçon ....
 casquette	Colette Marlaguette	chaussette raquette ....
 grenouille	Gribouille	nouille citrouille ....

4 A ton tour, écris une formule magique pour te transformer en...

« ………………… □ et ………………… □
par ………………… □ de ………………… □
que je devienne ………………… poisson ! »

« ………………… □ et ………………… □
par ………………… □ ………………… □
que ………………… casquette ! »

« ………………… □ ………………… □
………………… □ ………………… □
………………… □ ! »

5 Invente une autre formule...

... et dessine-toi une fois transformé.

« …………………………………………
…………………………………………
………………………………………… »

Conseils aux parents et aux enseignants

Dès le CP, l'enfant, bien guidé, peut s'essayer à produire des petits textes (devinettes, comptines, charades, etc...) pour goûter le plaisir d'écrire, de jouer avec les mots et les syllabes, de communiquer ses premières productions à autrui.

Il n'est pas nécessaire qu'il maîtrise complètement la lecture. Bien au contraire, grâce à une pratique régulière de l'écrit, l'enfant perfectionne sa découverte de la lecture. Il «s'apprend à lire» en écrivant.

Nous souhaitons que ce cahier apporte à l'enfant la joie d'écrire, et qu'il offre aux parents et aux enseignants des activités d'écriture, des pistes pour entraîner le jeune enfant dans sa pratique de l'écrit.

L'orthographe, qui bien naturellement à cet âge est loin d'être maîtrisée, ne doit pas faire obstacle à la production de textes.

Pour écrire juste, l'enfant a besoin de références exactes qu'il trouvera dans ce cahier, mais aussi dans ses livres, ses manuels scolaires et grâce au soutien de l'adulte. N'hésitez pas à l'aider pour orthographier les mots inconnus qu'il souhaite écrire. Ne le laissez jamais en situation d'inventer l'orthographe d'un mot ou de de faire des fautes.

L'important est qu'il comprenne ce qu'il écrit, pourquoi et pour qui il écrit, et qu'il s'entraîne à écrire souvent : meilleur gage de réussite dans sa maîtrise future de la langue.

Cet ouvrage a été achevé d'imprimer
en octobre 1994 sur les presses de
l'Imprimerie Carlo Descamps à Condé-sur-l'Escaut
N° d'imprimeur: 8853
N° d'éditeur: 689

Mise en page : **Studio Primart**
Illustrations : **Catherine Nicolas**
Coordination éditoriale : **Marie-Hélène Roy**